AF460285

BIBLIOTHÈQUE-LEDUC

A Monsieur Frédéric LECOCQ
Professeur d'Harmonie
au Conservatoire de Lille.

TRAITÉ ÉLÉMENTAIRE
DE
CONTREPOINT
ET DE
FUGUE

PAR

ÉMILE RATEZ

DIRECTEUR DU CONSERVATOIRE DE LILLE

PRIX : 6 FRANCS NET.

ALPHONSE LEDUC, ÉDITEUR, PARIS
3, rue de Grammont

N° 365

INTRODUCTION

Le Contrepoint est, à proprement parler, l'art de la polyphonie, c'est-à-dire l'art de mélanger d'une façon harmonieuse deux ou plusieurs chants ou mélodies ayant un caractère ou un rythme différents. Il se distingue de l'Harmonie en ce sens que celle-ci — sauf l'harmonie figurée, qui est déjà une sorte de contrepoint, — s'occupe surtout du groupement des sons en accords et de l'enchaînement de ces accords pris pour ainsi dire en bloc, tandis que le Contrepoint a surtout pour objet la constitution mélodique des voix ou parties chantant ensemble. Il est plus analytique que synthétique, alors que l'Harmonie est plus synthétique qu'analytique.

Par cette seule raison, il semblerait que l'étude du Contrepoint dût précéder celle de l'Harmonie. Il en est d'autres qui autoriseraient cette méthode. Le Contrepoint se contente d'accords extrêmement simples : seuls, les accords parfaits et de sixte y sont admis; la quarte y est traitée comme une dissonance. De plus, on y suit la marche logique du simple au composé, en commençant par la composition à deux voix et en n'abordant celle à trois voix, puis celle à quatre, cinq ou six voix, que lorsque toutes les combinaisons de parties ont été épuisées dans chacune d'elles.

L'usage, pourtant, a prévalu jusqu'ici, du moins en France, de ne faire commencer l'étude du Contrepoint qu'après celle de l'Harmonie. Nous pensons donc, d'après cet usage, pouvoir nous servir de termes connus des harmonistes — comme octaves et quintes consécutives, octaves et quintes cachées, fausses relations, etc., — sans avoir à entrer dans leur définition.

Le présent traité se limite aux contrepoints simples à deux, trois et quatre voix et aux contrepoints doubles, triples et quadruples à l'octave, d'où sa dénomination d'*élémentaire*. Il semble que, sans nier absolument l'utilité de l'écriture à un plus grand nombre de voix et des combinaisons à la dixième et à la douzième, ces complications n'ont pas, pratiquement, de résultats correspondant à leur difficulté. Il en est de même des imitations rétrogrades, qui n'ont guère d'intérêt et ne sont même, le plus souvent, discernables qu'à la lecture. Tous ces genres de composition, qui semblent s'adresser plutôt à l'œil qu'à l'oreille, finiront sans doute par être abandonnés, à l'égal des contrepoints conditionnels, des canons énigmatiques et autres bizarreries où l'intérêt artistique est dominé par une complication et une aridité purement techniques.

L'étude du Contrepoint et celle de la Fugue, à laquelle il aboutit, doivent être considérées surtout comme une gymnastique destinée à acquérir et à développer la facilité d'écriture, le style vocal et la connaissance de l'ordonnancement, de l'architecture musicale. Poussées trop loin, elles peuvent aller contre leur but et dessécher l'imagination au lieu de la féconder, en l'occupant à des choses sans portée et sans application pratique.

TABLE DES MATIÈRES

PREMIÈRE PARTIE

CONTREPOINT

CHAPITRE I

CONTREPOINT SIMPLE A DEUX VOIX

CHAPITRE II

CONTREPOINT SIMPLE A TROIS VOIX

CHAPITRE III

CONTREPOINT SIMPLE A QUATRE VOIX

CHAPITRE IV

DEUXIÈME PARTIE

IMITATION ET FUGUE

IMITATION

FUGUE

FUGUE TONALE

APPENDICE

A Monsieur Frédéric LECOCQ
Professeur d'Harmonie au Conservatoire de Lille.

TRAITÉ ÉLÉMENTAIRE
DE
CONTREPOINT & DE FUGUE

PAR

E. RATEZ

RÈGLES GÉNÉRALES DU CONTREPOINT

Le Contrepoint, outre qu'il soit, comme nous l'avons dit, très borné dans ses ressources harmoniques, est soumis à des règles sévères. Ce sont ces règles qui lui donnent son style particulier, un peu compassé peut-être, mais toujours élevé. Voici les principales : elles s'appliquent à toutes les espèces, sauf les exceptions et les adoucissements qui croissent avec le nombre des parties et dont il sera parlé en temps opportun :

1° Au point de vue harmonique, sont seuls admis les intervalles de tierce majeure et mineure, de sixte majeure et mineure, de quinte juste et d'octave. L'unisson est toléré dans certaines conditions;

2° Au point de vue du mouvement des voix, sont seuls admis les intervalles de seconde et tierce majeures et mineures, de quarte et de quinte justes, de sixte *mineure* et d'octave;

3° Tous les intervalles augmentés ou diminués sont défendus, tant comme intervalles harmoniques que comme intervalles mélodiques, ainsi que tous les mouvements mélodiques chromatiques;

4° Les quintes et les octaves consécutives entre les mêmes parties, les quintes et les octaves cachées, les fausses relations de triton et d'octave sont défendues;

5° Une note ne peut être répétée, sauf dans une partie en rondes;

6° On ne peut pas faire plus de trois tierces ou de trois sixtes de suite entre deux parties.

Ire PARTIE

CONTREPOINT

CHAPITRE I

CONTREPOINT SIMPLE A DEUX VOIX

PREMIÈRE ESPÈCE — NOTE CONTRE NOTE

Comme son nom l'indique, ce contrepoint consiste simplement à accompagner chaque note du "Chant donné" par une note d'égale valeur. Il reproduit l'origine même du genre de composition qui nous occupe. Alors que les notes s'indiquaient par des points, *punctus contra punctum* (d'où nous avons fait contrepoint) était une expression qui désignait la marche simultanée de deux ou plusieurs voix.

Dans cette espèce de contrepoint, on ne peut répéter une note plus d'une fois. On doit commencer par l'octave, la quinte ou l'unisson et finir par la tonique amenée par la note sensible.

Comme dans toutes les espèces suivantes, il faut s'exercer à écrire des contrepoints pour toutes les voix, le chant donné étant tantôt à la partie inférieure, tantôt à la partie supérieure, ce qui donne six combinaisons pour chaque mode.

EXEMPLES

CH.D.

CH.D.

Paris, ALPHONSE LEDUC, Editeur A.L. 10,606 *(Gravé chez Alphonse Leduc)*

CH.D.
CH.D.
CH.D.
MINEUR
CH.D.
CH.D.
CH.D.
CH.D.
CH.D.
CH.D.

DEUXIÈME ESPÈCE — DEUX NOTES CONTRE UNE

Dans ce genre de contrepoint, on combine une partie en blanches avec le chant donné.

Cette partie en blanches doit avoir toujours les temps forts en consonnance rigoureuse. Les dissonances de seconde, quarte et septième, la quarte augmentée et la quinte diminuée peuvent s'employer comme notes de passage sur les temps faibles.

Une dissonance faisant retour sur la consonnance qui la précède n'est pas d'un bon style et doit être évitée autant que possible.

Il faut éviter les frottements de seconde entre la partie en blanches et le chant donné. L'unisson et le croisement des voix sont défendus, de même que la répétition d'une note. Il va sans dire que les quintes et octaves directes ou cachées sont défendues entre les temps forts de deux mesures consécutives et même entre les temps faibles.

Pourtant quand deux quintes se trouvent sur les temps faibles, si l'une d'elles est diminuée, elles sont permises.

La fausse relation de triton suivante spéciale au mode mineur, est permise:

Le contrepoint en blanches doit commencer par une demi-pause. Il se termine par la tonique précédée de la note sensible.

EXEMPLES

MAJEUR

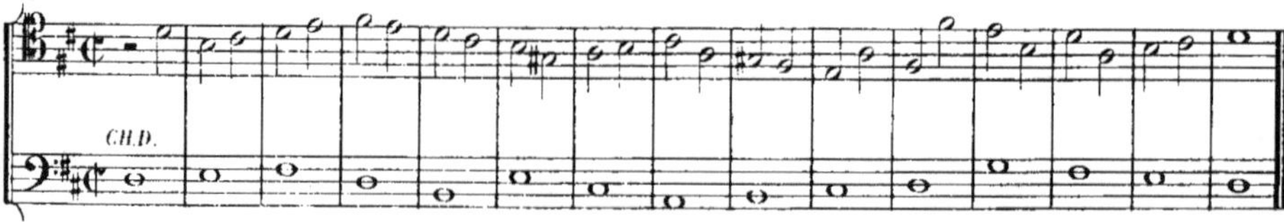

CH.D.
CH.D.
CH.D.
MINEUR
CH.D.
CH.D.
CH.D.
CH.D.
CH.D.
CH.D.

TROISIÈME ESPÈCE — QUATRE NOTES CONTRE UNE

Il s'agit ici de combiner une partie en noires avec le chant donné.

Le premier temps de chaque mesure doit être en consonnance. Les autres temps peuvent être en dissonances, pourvu que celles-ci soient employées comme notes de passage, c'est-à-dire par mouvement conjoint.

Les quintes et octaves directes et cachées restent défendues entre les premiers temps de chaque mesure. Elles sont permises ailleurs, pourvu qu'elles soient séparées par quatre noires.

A l'exception de la première et de la dernière mesure, l'unisson reste défendu, ainsi que le croisement des voix. *Le mouvement mélodique de sixte mineure qui était permis dans les deux espèces précédentes est défendu avec les noires.*

Le contrepoint doit commencer par un soupir et la première note doit être une consonnance parfaite ou l'unisson. Il doit se terminer par la tonique précédée de la note sensible.

EXEMPLES

CH. D.
CH. D.
CH. D.

MINEUR

CH. D.

CH.D.
CH.D.
CH.D.

QUATRIÈME ESPÈCE—SYNCOPES

Ce contrepoint, qui consiste à combiner une partie en blanches syncopées avec le chant donné, n'est en réalité qu'un contrepoint note contre note retardé.

La tierce se retarde par la quarte, la quinte par la sixte, la sixte par la septième, l'octave par la neuvième; voilà pour la voix supérieure. A la basse, la tierce se retarde par la seconde, la quinte par la quarte, la sixte par la quinte, mais on ne peut retarder l'octave. Les quintes sont défendues sur les temps faibles, elles sont permises sur les temps forts.

Il est permis de rompre la marche en syncopes, mais il ne faut user qu'avec réserve de cette liberté.

Le contrepoint en syncopes doit commencer par une demi-pause: la première note doit être une consonnance parfaite ou l'unisson. Il doit se terminer par la tonique précédée de la note sensible retardée.

EXEMPLES

MINEUR
CH.D.
CH.D.
CH.D.
CH.D.
CH.D.
CH.D.

CINQUIÈME ESPÈCE — CONTREPOINT FLEURI

Ce contrepoint est le mélange des trois espèces précédentes. L'espèce note contre note n'y est pas employée parce qu'elle en arrêterait le mouvement rythmique.

Aux blanches, noires et syncopes viennent s'ajouter les croches dont on ne peut employer plus de deux par mesure et qui peuvent servir à varier les syncopes.

Les règles concernant les espèces précédentes s'appliquent au contrepoint fleuri quand ces espèces y figurent, mais non dans leur mélange.

La diminution de la valeur d'un retard est défendue, c'est-à-dire que la prolongation doit avoir une valeur égale à sa préparation.

Ainsi l'exemple ci-dessus écrit de la sorte serait fautif.

la note *mi* ne devant se faire entendre qu'au second temps.

Deux noires ou une noire suivie de deux croches placées sur le premier temps d'une mesure et suivies d'une blanche, demandent la prolongation de cette blanche sur la mesure suivante pour l'équilibre du rythme. Sinon le rythme devient boiteux.

La blanche pointée ne peut s'employer que sur un temps faible, de façon que la syncope qui en résulte soit marquée par le chant donné dans la mesure suivante.

Placée sur un temps fort, elle donne un rythme incertain qui n'est pas admis.

Le contrepoint fleuri commence presque toujours par une blanche précédée d'une demi-pause et il se termine généralement comme le contrepoint en syncopes. Mais ceci n'est pas absolu

MAJEUR

CH.D.

CH.D.

CH.D.

CH.D.

CH.D.
CH.D.
MINEUR
CH.D.
CH.D.

CH.D
CH.D.
CH.D.
CH.D.

CHAPITRE II

CONTREPOINT SIMPLE A TROIS VOIX

PREMIÈRE ESPÈCE — NOTE CONTRE NOTE

Dans cette espèce de contrepoint, on combine avec le chant donné deux autres parties en rondes.

Comme nous l'avons dit, les seuls accords dont il faille se servir sont les accords parfaits et de sixte qu'on doit, autant que possible, employer complets.

Le croisement des voix est permis, sauf dans la première et dans la dernière mesure. L'unisson est permis dans la première et dans la dernière mesure, mais ne doit jamais être amené par mouvement semblable. Les quintes et octaves cachées ne sont défendues qu'entre les parties extrêmes.

Une note ne peut être répétée plus de trois fois et l'on ne peut faire plus de trois tierces et de trois sixtes de suite et jamais plus de deux accords de sixtes par mouvement semblable.

FAUTIF — CORRECT

EX.

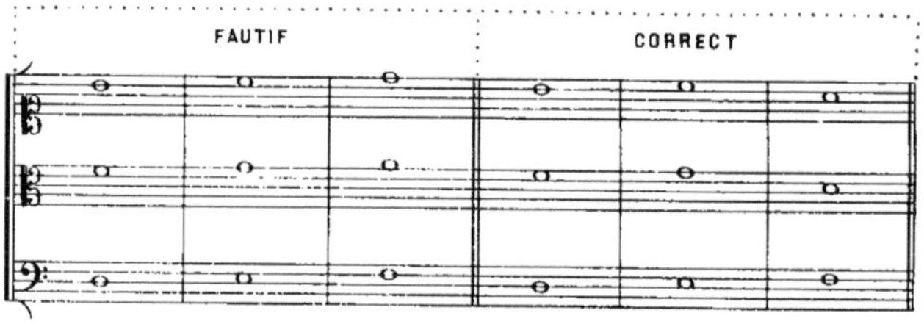

EXEMPLES

MAJEUR

CH.D.

CH.D.

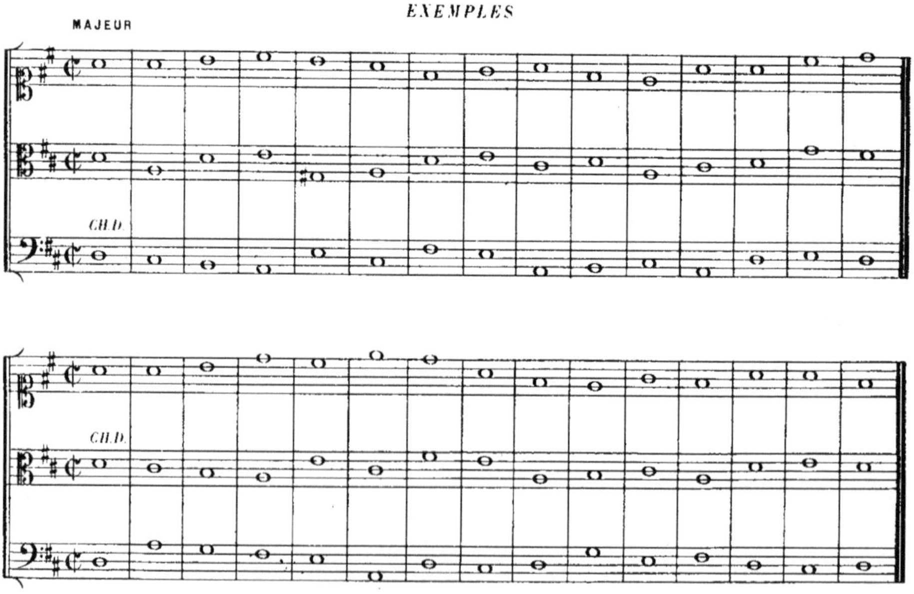

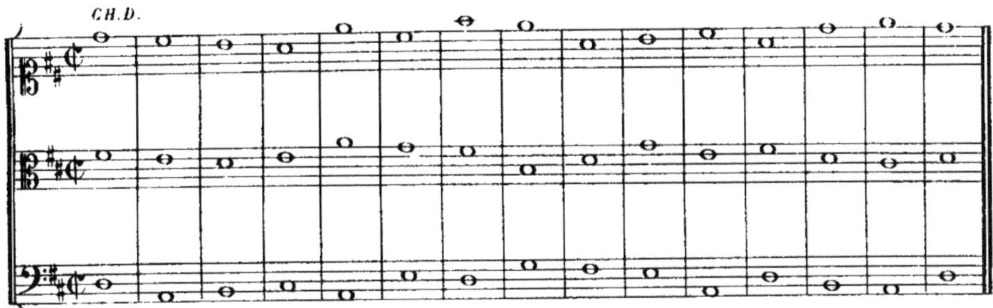

MINEUR

CH.D.

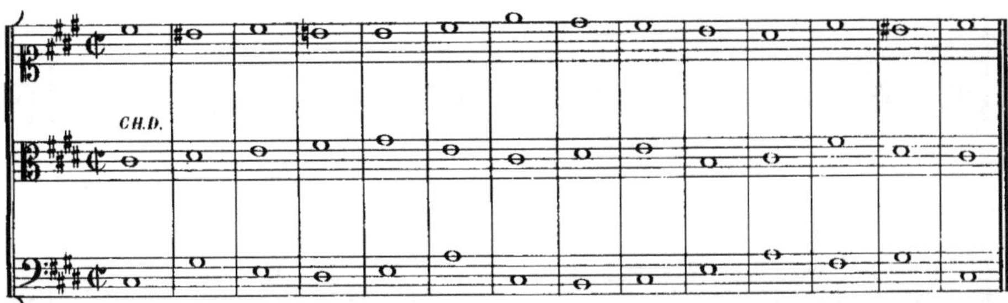

CH.D.

DEUXIÈME ESPÈCE — DEUX NOTES CONTRE UNE

Ici, le chant donné est accompagné d'une partie en rondes et d'une partie en blanches, ces deux dernières suivant chacune les règles de l'espèce à laquelle elle appartient.

L'unisson est admis sur le temps faible entre la partie en blanches et une des parties en rondes.

Deux quintes de suite sont permises sur les temps faibles lorsque l'une d'elles est diminuée. Si c'est la seconde qui est diminuée, les quintes sont permises également sur les temps forts, mais pas entre les parties extrêmes. Les quintes et octaves cachées sont également défendues entre ces parties extrêmes; elles sont permises entre les première et deuxième et entre les deuxième et troisième parties.

L'on devra s'exercer, comme dans les exemples suivants, à placer les blanches ainsi que le chant donné alternativement dans chacune des trois voix.

EXEMPLES

CH.D.

CH.D.
CH.D.
CH.D.
CH.D.

MINEUR

TROISIÈME ESPÈCE — QUATRE NOTES CONTRE UNE

Ce contrepoint est la combinaison d'une partie en noires et d'une partie en rondes avec le chant donné.

Chaque partie reste soumise aux règles de l'espèce à laquelle elle appartient.

Le croisement des voix est permis sauf dans la première et dans la dernière mesure.

Les quintes restent défendues entre la partie en noires et une autre partie, si elles ne sont pas séparées au moins par quatre noires. Si la seconde quinte est diminuée, une noire suffit pour la sauver. Si la première quinte est diminuée et la seconde juste, il faut au moins deux noires pour les sauver. Il va sans dire que les quintes sur les temps forts restent défendues.

EXEMPLES

CH.D.
CH.D.
CH.D.

MINEUR
CH.D.
CH.D.
CH.D.

CH.D.
CH.D.
CH.D.

MÉLANGES DES ESPÈCES PRÉCÉDENTES

En mélangeant ensemble les contrepoints de première (chant donné), deuxième et troisième espèces, on doit observer pour chacun d'eux les règles établies précédemment.

On a la latitude de ne faire commencer la partie en blanches qu'à la deuxième mesure et d'employer la ronde à l'avant-dernière mesure, soit dans cette partie en blanches, soit dans celle en noires.

EXEMPLES

CH.D.

CH.D.

MINEUR
CH.D.

CH.D. transposé.

CH.D.
CH.D.

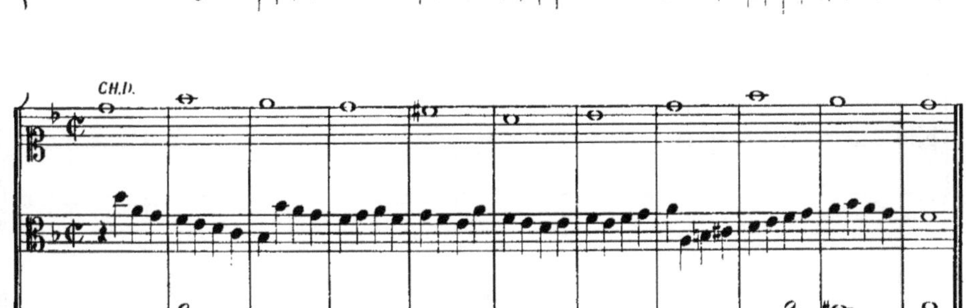
CH.D.

CH.D.

QUATRIÈME ESPÈCE—SYNCOPES

Ce contrepoint se compose d'un chant donné, d'une partie en rondes et d'une partie en syncopes. Les règles sont les mêmes que pour le contrepoint de même espèce à deux voix, avec les atténuations suivantes.

On peut faire plus de trois tierces et de trois sixtes de suite.

On peut employer l'accord de quinte diminuée, lorsque cette quinte diminuée est précédée d'une syncope.

On peut interrompre la marche de la partie en syncopes et y employer exceptionnellement la demi-pause.

EXEMPLES

MAJEUR

CH.D.

CH.D.

CH.D.

CH.D.

CH.D.

CH.D.

MINEUR
CH.D.

CH.D.

CH.D.

CH.D.

CH.D.

CH.D.

MÉLANGES DES ESPÈCES PRÉCÉDENTES

On peut combiner avec le chant donné une partie en blanches et une partie en syncopes, ou une partie en syncopes et une partie en noires.

En raison de la difficulté de ces combinaisons, on tolère les quintes et octaves sur les temps faibles dans la partie en blanches et il suffit de deux noires pour qu'elles soient permises entre une partie en noires et une partie en syncopes.

Les parties en contrepoint doivent entrer l'une après l'autre, précédées du silence qui convient à leur espèce.

EXEMPLES

BLANCHES ET SYNCOPES

NOIRES ET SYNCOPES

CH.D.
CH.D.
CH.D.
CH.D.

CINQUIÈME ESPÈCE—CONTREPOINT FLEURI

Cette espèce de contrepoint reste soumise aux mêmes règles que celui à deux voix de même nature et profite des libertés accordées aux espèces précédentes à trois voix quant à l'emploi des quintes et octaves et à l'emploi de l'accord de quinte diminuée précédé d'une syncope.

On devra s'exercer à faire du contrepoint fleuri non seulement dans une seule partie, mais aussi dans deux parties. Dans ce dernier genre, la blanche pointée peut être placée sur un temps fort, à condition que le second temps soit marqué par l'autre partie.

Lorsqu'on ne fait qu'une partie en contrepoint fleuri, la partie qui n'est pas le chant donné fait un contrepoint note contre note. Mais l'on pourrait s'astreindre à lui faire faire des blanches, des noires ou des syncopes. Ce genre de combinaison ne nous paraît pas utile après toutes celles qui ont précédé.

EXEMPLES

CONTREPOINT FLEURI DANS UNE SEULE PARTIE

CH.D.
CH.D.
CH.D.

MINEUR
CH.D.
CH.D.
CH.D.

CH.D.
CH.D.
CH.D.

CONTREPOINT FLEURI DANS DEUX PARTIES

CHAPITRE III

CONTREPOINT SIMPLE A QUATRE VOIX

PREMIÈRE ESPÈCE — NOTE CONTRE NOTE

Le chant donné est ici accompagné par trois parties en rondes.
Les règles en sont absolument les mêmes que pour le contrepoint à trois voix.

MAJEUR

EXEMPLES

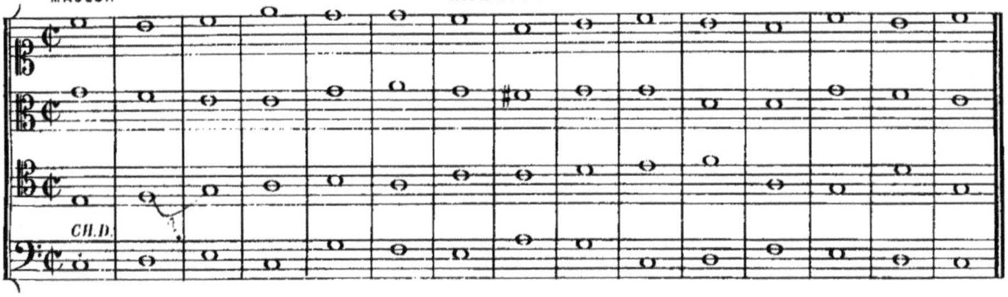

CH.D.

Transposition pour la commodité des voix.

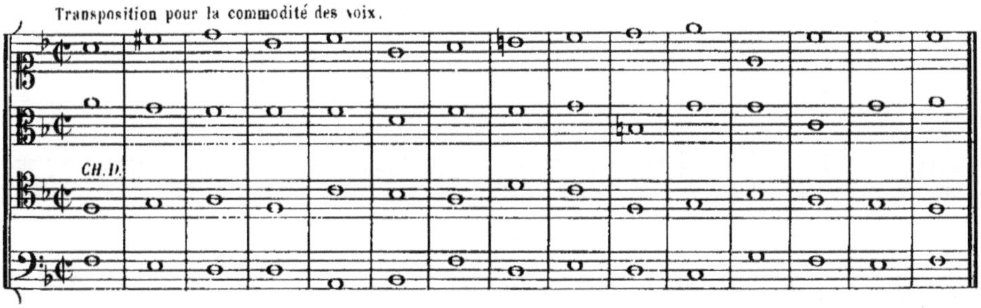

CH.D.

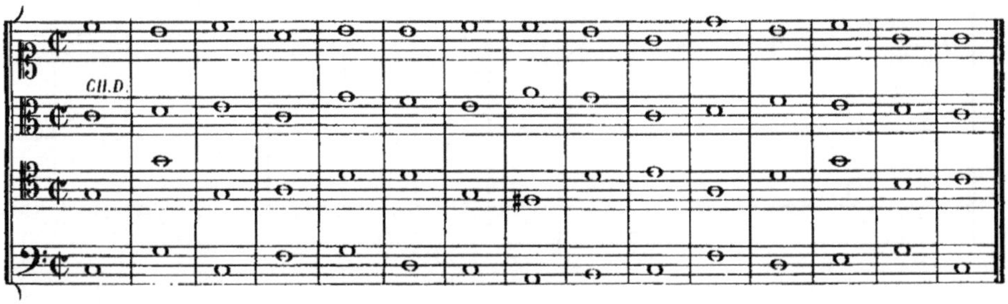

CH.D.

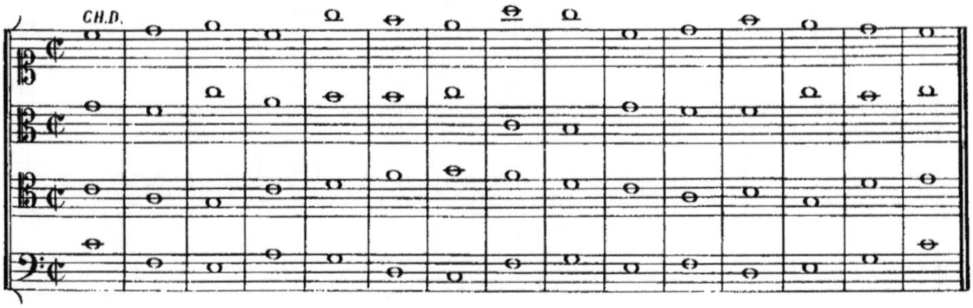

CH.D.

MINEUR

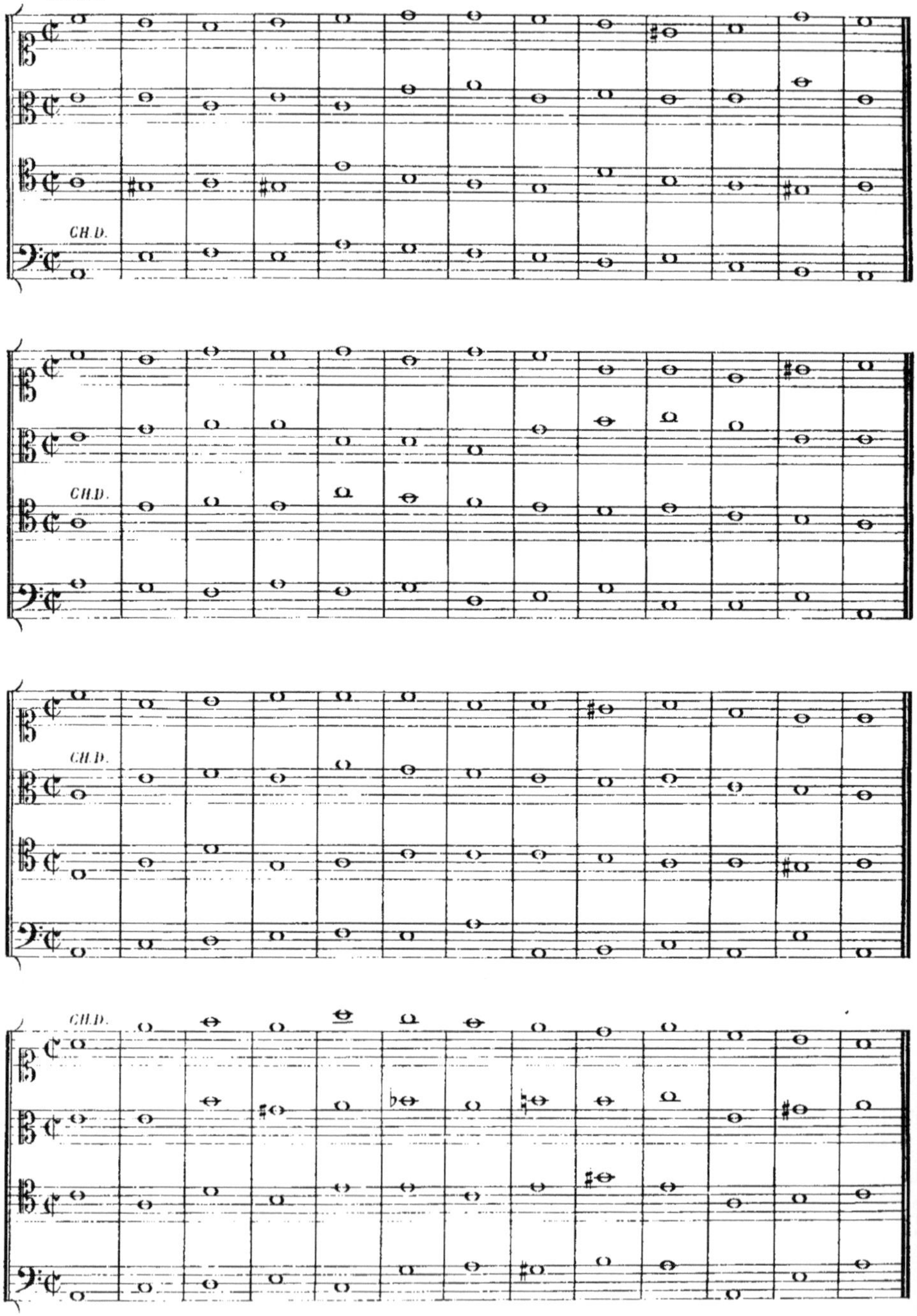

CH.D.

CH.D.

CH.D.

CH.D.

DEUXIÈME ESPÈCE — DEUX NOTES CONTRE UNE

Combinaison d'une partie en blanches et de deux parties en rondes avec le chant donné.

Mêmes règles qu'à trois voix, sauf que les quintes et les octaves consécutives sont permises entre la partie en blanches et une partie en rondes, *mais seulement sur les temps faibles*.

EXEMPLES

MAJEUR

CH.D.

CH.D.

CH.D.

CH.D.

CH.D.

CH.D.

CH.D.

CH.D.

CH.D.
CH.D.
CH.D.
CH.D.

MINEUR

CH.D.

Nous croyons inutile de multiplier le nombre de ces exemples. On voit qu'il y a matière, dans ce contrepoint, à douze combinaisons dans chaque mode, le chant donné étant placé, ainsi que les blanches, alternativement à chaque voix.

TROISIÈME ESPÈCE — QUATRE NOTES CONTRE UNE

Combinaison du chant donné avec deux parties en rondes et une partie en noires.

+ Sauf sur les temps forts, où elles restent toujours défendues, les octaves et les quintes sont permises lorsqu'elles sont séparées par *deux* noires, et même, quand il s'agit de deux quintes, *une* noire suffit pour les sauver si la seconde est diminuée.

+ L'unisson est toléré entre les troisième et quatrième parties. Toutes les autres règles du contrepoint de même espèce à trois voix sont maintenues ici.

EXEMPLES

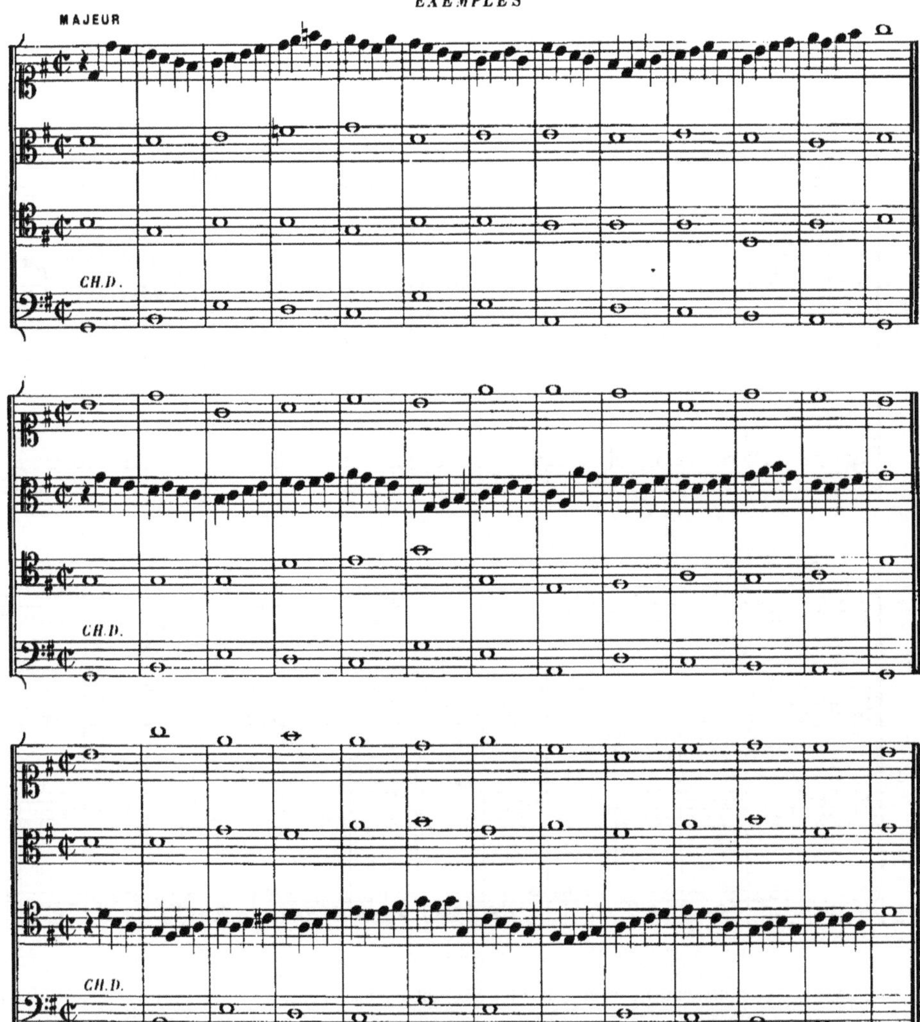

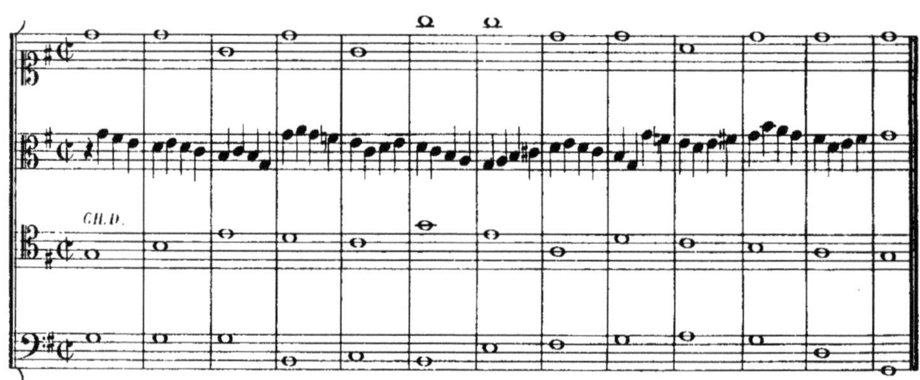

A ces combinaisons peuvent s'ajouter six autres contrepoints, trois ayant le chant donné à l'alto et trois où ce chant se trouve au soprano.

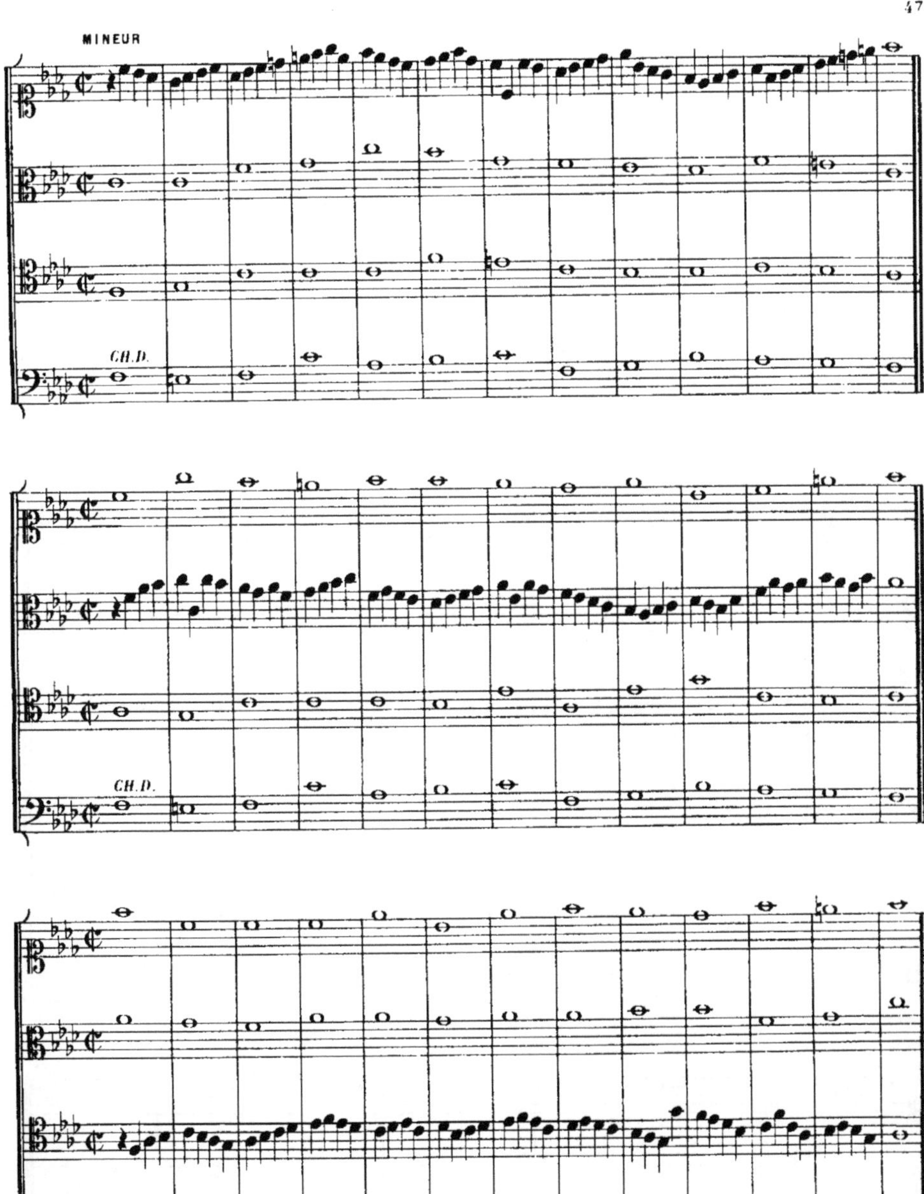

A ces combinaisons s'ajoutent: trois contrepoints avec le chant donné au ténor, trois avec le chant donné à l'alto et trois avec le chant donné au soprano.

MÉLANGES DES ESPÈCES PRÉCÉDENTES

On peut mélanger les contrepoints de première, deuxième et troisième espèces, en observant les règles établies précédemment.

Ces mélanges donnent lieu à vingt-quatre combinaisons; selon que le chant donné est placé à la basse, au ténor, à l'alto ou au soprano, la disposition des rondes, blanches et noires permettant chaque fois six contrepoints différents.

EXEMPLES

etc. etc.

QUATRIÈME ESPÈCE — SYNCOPES

Ce contrepoint se compose du chant donné, de trois parties en rondes et d'une partie en syncopes. Les règles du contrepoint de quatrième espèce à trois voix s'appliquent à celui-ci.

Exceptionnellement, l'accord de quarte et sixte peut s'employer dans ce contrepoint quand il est amené diatoniquement par une syncope.

L'unisson est permis sur le temps faible entre la partie en syncopes et une autre partie, et le croisement des voix est permis entre toutes les parties, sauf dans les mesures extrêmes.

EXEMPLES

CH. D.

(1) Licence autorisée par les meilleurs auteurs.

Et ainsi de suite, en faisant passer le chant donné par toutes les voix.

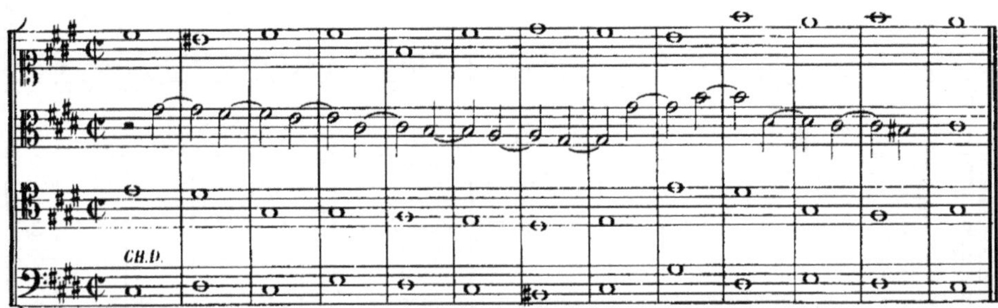

Et ainsi de suite, en faisant passer le chant donné par toutes les voix.

A L.10.606

MÉLANGES DES ESPÈCES PRÉCÉDENTES

On combine ici, avec le chant donné, une partie en blanches, une en noires et une en syncopes.

Les quintes et les octaves sur le premier temps restent défendues, mais toutes les autres sont permises, pourvu qu'elles soient séparées par une noire.

EXEMPLES

MINEUR.

CINQUIÈME ESPÈCE — CONTREPOINT FLEURI

Les règles du contrepoint fleuri à trois parties s'appliquent également au contrepoint fleuri à quatre voix, qui peut se faire de trois façons : 1º en n'écrivant qu'une partie fleurie et deux parties en rondes ; 2º avec deux parties fleuries et une en rondes ; 3º avec trois parties fleuries. La première et la deuxième manières donnent lieu chacune à douze combinaisons, la troisième à quatre combinaisons différentes sur un même chant donné.

EXEMPLES

CONTREPOINT FLEURI DANS UNE SEULE PARTIE

Et ainsi de suite, en faisant passer le chant donné et le contrepoint fleuri successivement dans toutes les voix.

etc. etc.

CONTREPOINT FLEURI DANS DEUX PARTIES

MINEUR
CH.D.
CH.D.
CH.D.

CONTREPOINT FLEURI DANS TROIS PARTIES

MINEUR
CH.D.
CH.D.
CH.D.
CH.D.

CHAPITRE IV

CONTREPOINT RENVERSABLE

Le contrepoint renversable se fait à deux, trois et quatre voix et est appelé, selon le nombre des voix, contrepoint double, triple ou quadruple.

Nous ne nous occuperons ici, comme nous l'avons dit, que du contrepoint renversable à l'octave. Ce contrepoint, fait sur un chant donné, doit pouvoir devenir successivement première partie, ou basse, ou partie intermédiaire s'il est à plus de deux parties.

On voit donc qu'il doit se réduire aux consonnances de tierce et de sixte, puisque la quinte deviendrait une quarte par le renversement et par rapport à l'autre ou aux autres parties.

Pourtant une quinte qui, comme dans les exemples suivants, ne sert qu'à varier une ronde ou une blanche pointée, est permise.

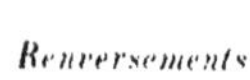

Mais la quarte suivante ne saurait être considérée comme une variante ni, par conséquent, être permise.

De même, la dissonance de neuvième, provenant du retard de l'octave de la basse, ne peut plus être employée ici, puisque, par le renversement, elle deviendrait une seconde se résolvant sur l'unisson, ou une septième à la basse dont la résolution sur l'octave d'une partie supérieure est inadmissible.

Renversements

Ces réserves faites, les règles du contrepoint simple s'appliquent à celui-ci. Le contrepoint renversable, double, triple ou quadruple, se fait toujours fleuri. Le chant donné peut aussi être fleuri. Dans ce cas, la ronde est d'un usage très licite dans la partie en contrepoint double. A plus forte raison on peut l'employer dans une des parties des contrepoints triple et quadruple, pourvu qu'il y ait du mouvement dans les autres et que le rythme général n'en soit pas arrêté.

A partir de trois parties, l'accord de quinte diminuée et, par conséquent, ses deux renversements, peuvent être employés.

Lorsque le contrepoint se tient dans les limites d'une octave, il donne beaucoup plus de renversements que lorsqu'il la dépasse. Ceci est surtout important à considérer, comme on le verra plus loin, pour la construction des contre-sujets d'une fugue.

EXEMPLES DE CONTREPOINTS DOUBLES

On voit que tous ces contrepoints sont susceptibles de bien d'autres genres de renversement et qu'ils peuvent se placer facilement dans les quatre voix de soprano, alto, ténor et basse.

EXEMPLES DE CONTREPOINTS TRIPLES

MINEUR

CH.D.

1er Renversement.

CH.D.

2e Renversement.

CH.D.

CH.D.

1er Renversement.

CH.D.

2e Renversement.

CH.D. transposé.

EXEMPLES DE CONTREPOINTS QUADRUPLES

II
CH.D.
1er Renversement.
CH.D.
2e Renversement.
CH.D.
3e Renversement.
CH.D.

MINEUR
I
CH.D.
1er Renversement.
CH.D.
2e Renversement.
CH.D.
3e Renversement.
CH.D.

II
CH. D.
1er Renversement
CH. D.
2e Renversement
CH. D.
3e Renversement
CH. D.

IIme PARTIE

IMITATION ET FUGUE

IMITATION

Comme son nom l'indique, l'imitation est la reproduction d'une phrase musicale par une autre partie que celle qui l'a fait entendre.

L'imitation est la plus ancienne forme du développement d'une idée musicale. Elle existe dans les compositions des contrapuntistes des XIVe et XVe siècles et c'est à elle que les œuvres de ces premiers maîtres doivent la plus grande partie de leur intérêt.

Voici un exemple d'imitation à trois voix de Guillaume Dufay, cité par Fétis dans son *Histoire générale de la Musique,* où l'on voit que la mélodie exposée par le ténor est imitée à l'octave par le soprano et ensuite, à la quarte supérieure par l'alto.

— L'imitation peut se faire à n'importe quel intervalle et à l'unisson. Elle peut être régulière, c'est-à-dire reproduire fidèlement la mélodie proposée, tant dans son intonation que dans son rythme, en conservant aux intervalles leur qualité majeure ou mineure: elle peut être irrégulière, c'est-à-dire ne reproduire qu'à peu près la mélodie proposée, soit dans son rythme, soit dans ses intervalles, qui peuvent être majeurs dans celle-ci et mineurs dans l'imitation ou *vice versa*. Enfin elle peut être partielle, périodique, par mouvement semblable, par mouvement contraire, rétrograde, ou encore *par augmentation*, c'est-à-dire doublant la valeur des notes de la mélodie: *par diminution*, c'est-à-dire en les diminuant de moitié.

Nous allons examiner rapidement les principales de ces sortes d'imitations.

DE L'IMITATION PAR MOUVEMENT SEMBLABLE

Dans ce genre d'imitation, la mélodie proposée, qu'on appelle *antécédent*, est reproduite par une autre partie à un intervalle quelconque. Cette reproduction dont tous les mouvements sont *semblables* à ceux de l'antécédent, prend le nom de ***conséquent***.

Les règles qui régissent ces imitations sont celles du contrepoint simple.

EXEMPLES

A DEUX VOIX

A QUATRE VOIX

DE L'IMITATION PAR MOUVEMENT CONTRAIRE

Ici, les mouvements ascendants de l'*antécédent* sont remplacés dans le *conséquent* par des mouvements descendants et ses mouvements descendants par des mouvements ascendants.

EXEMPLES

Il est inutile de faire ces imitations à trois ou quatre voix, car à partir de la troisième entrée, les imitations se confondent avec les imitations par mouvement semblable, ainsi qu'on peut le voir par l'exemple suivant:

IMITATIONS RÉTROGRADES

Le *consequent* doit commencer ici par la dernière note de l'*antécédent* et le faire entendre *à rebours*. L'imitation rétrograde peut être par mouvement semblable ou par mouvement contraire. Elle peut se faire aussi à n'importe quel intervalle. Voici deux exemples de ces sortes de contrepoint qui n'ont d'intérêt que pour les yeux, car il est impossible de s'en rendre compte par l'audition.

AUTRES SORTES D'IMITATIONS

Ces imitations sont *canoniques*, c'est-à-dire qu'à part la coda terminale, elles reproduisent entièrement la mélodie proposée. Pourtant, on réserve le nom de *canons* à des imitations exactes de cette mélodie, c'est-à-dire reproduisant les intervalles dans leurs valeurs exactes, majeures ou mineures.

Les canons sont *finis* lorsqu'ils se terminent par une coda comme dans l'exemple suivant.

Ils sont dits *infinis* ou *circulaires* lorsqu'ils sont construits de façon que, au moyen d'une reprise, ils peuvent se continuer indéfiniment.

FUGUE

Le mot fugue vient du mot *fuga*, fuite. On a appelé ainsi le genre de composition qui va nous occuper, parceque, comme il est basé sur l'imitation, les parties ont l'air de courir l'une après l'autre, de se fuir.

La fugue a pour objet le développement d'une idée mélodique qu'on appelle le *sujet*. C'est un exercice de rhétorique musicale analogue aux exercices de rhétorique littéraire qui ont pour but d'extraire d'une idée tout ce qu'elle peut donner. Mais de même qu'une idée littéraire ou philosophique abstraite peut être bornée dans ses développements, si l'on ne fait intervenir, dans la dissertation, des idées accessoires ayant une parenté plus ou moins étroite avec elle, de même une idée mélodique a besoin, le plus souvent, d'autres idées mélodiques accessoires qui viennent ajouter au discours musical de l'intérêt en même temps que de la variété. Ces idées accessoires se nomment des *contre-sujets*.

La Fugue est le plus bel exemple d'architecture musicale qu'on ait trouvé. Son plan consiste en une exposition très simple de l'idée mélodique principale et des idées accessoires, à les combiner ensuite entre elles de façons différentes et de manière que l'intérêt de la composition aille sans cesse en croissant depuis le commencement jusqu'à la fin. Ce plan a été appliqué par les maîtres dans d'autres formes musicales et spécialement dans la musique symphonique et même, maintenant que la symphonie a conquis le théâtre, dans la musique dramatique, car l'on peut considérer les drames wagnériens comme de grandes fugues dramatiques ayant autant de *sujets* que la situation comporte de personnages réels ou fictifs.

Nous allons exposer ce plan dans la simplicité un peu sèche et conventionnelle de l'école, mais dont la réalisation, même avec les ressources bornées du contrepoint tel que nous l'avons pratiqué jusqu'ici, offre déjà tant de champ à l'imagination.

Disons tout de suite que le sujet d'une fugue n'est astreint à aucune des règles rythmiques et mélodiques du contrepoint. Ainsi les mouvements de sixte majeure, de septième, les intervalles chromatiques ou altérés, la répétition des notes, toutes ces licences lui sont permises et, par conséquent, aux imitations qu'il engendre. Les contre-sujets partagent la même liberté, seules les parties libres sont assujéties aux règles mélodiques et rythmiques du contrepoint simple, règles qui pourtant s'atténuent et souvent s'effacent devant l'intérêt musical ou devant une impossibilité absolue.

PLAN DE LA FUGUE

EXPOSITION

Nous avons dit que la fugue reposait sur l'imitation. Aussitôt après qu'une partie a fait entendre le *sujet*, ce sujet doit être imité par une autre partie à la quinte supérieure, ou à la quarte inférieure.

Cette imitation s'appelle la *réponse*.

EXEMPLE

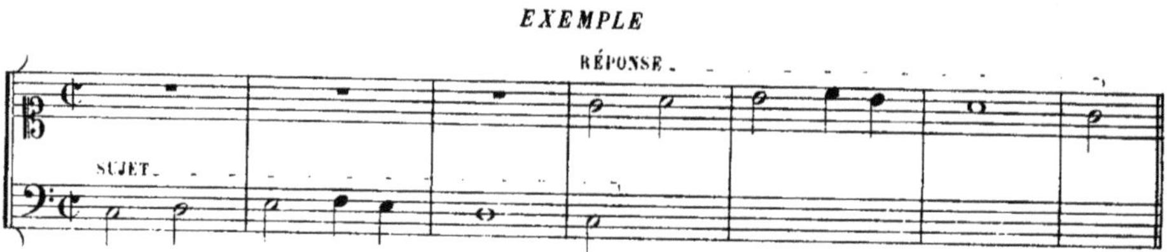

La réponse n'est pas obligée d'entrer aussitôt le sujet terminé. Celui-ci peut se prolonger un peu au moyen d'une *coda*. Cette coda est même souvent nécessaire pour permettre l'entrée de la réponse, comme dans l'exemple suivant:

Le sujet doit être accompagné d'un contre-sujet ou de plusieurs, selon le nombre des parties employées. Ce ou ces contre-sujets, qui l'accompagneront dans tout le courant de la fugue, devront être en contrepoint double, triple ou quadruple, de façon à pouvoir se placer dans n'importe quelle partie.

Le ou les contre-sujets doivent différer comme rythme et comme mouvements mélodiques du sujet et aussi entre eux, afin d'apporter le plus de variété possible dans la fugue. Ils ne doivent jamais commencer ensemble ni aucun d'eux avec le sujet, mais former avec lui des entrées successives.

EXEMPLES

Le nombre des contre-sujets dans une fugue à plus de deux voix est facultatif. Une fugue à quatre voix peut n'avoir qu'un ou deux contre-sujets. Lorsque, comme dans l'exemple précédent, on peut en avoir trois, il est préférable d'en réserver un et de ne le faire entendre que dans le courant de la fugue où, comme on le verra plus tard, il entre comme un *nouveau sujet*.

Le ou les contre-sujets accompagnent également la réponse et se servent par conséquent de réponse à eux-mêmes. Mais on a la faculté de ne les faire entendre qu'après l'entrée de cette réponse, de façon à exposer d'abord le sujet seul.

EXEMPLE

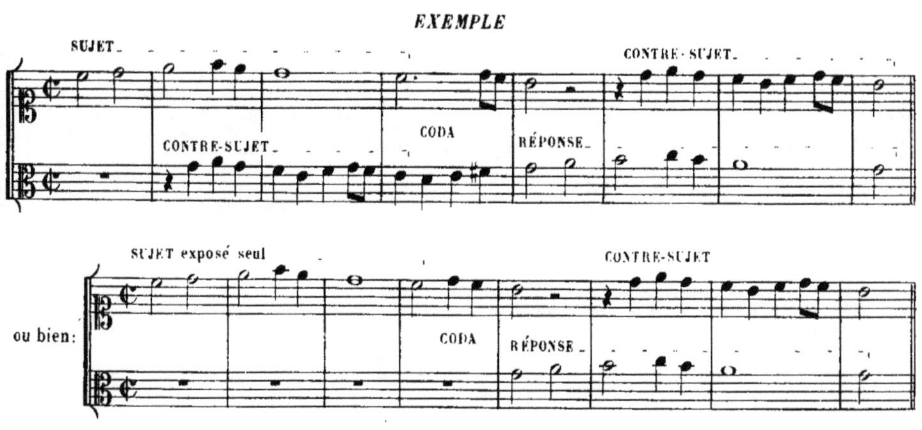

Lorsqu'on écrit à deux ou à trois parties, l'exposition se borne à ces deux entrées successives du sujet et de la réponse accompagnés du ou des contre-sujets. Mais à quatre parties, on double ces entrées, en s'arrangeant de façon que les différentes parties aient tour à tour le sujet de la fugue ou sa réponse et le ou les contre-sujets, selon la tessiture des voix, et sans jamais qu'une partie répète l'un ou l'autre de ces facteurs.

EXEMPLE

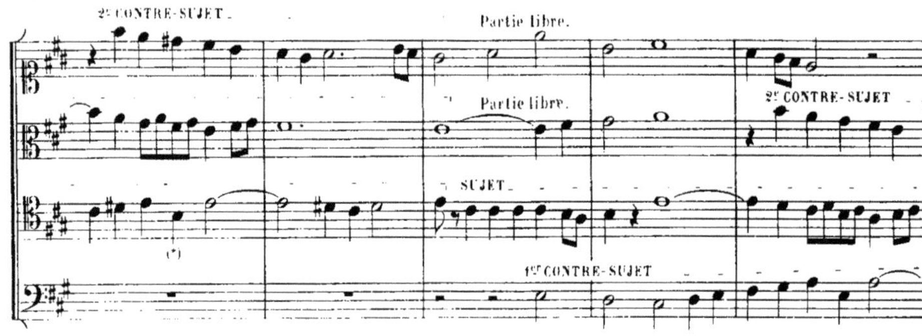

(*) On pourrait s'étonner de trouver ici une quinte entre *si* et *fa* ♯, ce qui est contraire aux principes du contrepoint renversable; mais il convient de remarquer qu'ici, fa ♯, de même que le ré ♯ du soprano ne sont que des notes de passage reliant sol ♯ à mi, à l'alto, et mi à do ♯, au soprano, tandis que le *mi. si. mi.* du ténor n'est lui-même qu'une variante d'une ronde.

PREMIER DIVERTISSEMENT

Après l'exposition d'une fugue, on place un *divertissement*, ou épisode.

Les divertissements sont, comme leur nom l'indique, destinés à reposer l'auditeur des entrées constantes du sujet et de la réponse, en l'occupant à des imitations différentes. Seulement, pour maintenir l'unité de la composition, ces imitations doivent toujours être prises dans le sujet et les contre-sujets. Quelquefois on emploie la *coda* du sujet, lorsqu'elle est d'un dessin intéressant. Mais c'est surtout par le morcellement du sujet et des contre-sujets que s'alimentent les divers épisodes qui séparent les parties principales de la fugue.

La logique veut que ces divertissements croissent en intérêt et en importance. Celui qui suit l'exposition doit donc être le moins mouvementé et le plus court de tous. En voici un, formé avec un fragment du deuxième contre-sujet de la fugue dont nous venons de donner l'exposition et qui en forme la suite.

CONTRE-EXPOSITION

Ce premier divertissement amène la *contre-exposition*, qui consiste à faire entendre d'abord la réponse, puis le sujet, accompagnés tous deux de leurs contre-sujets.

Dans la fugue à deux et à trois voix, cette contre-exposition peut être supprimée. A quatre voix, on se contente de faire entendre une fois la réponse et une fois le sujet, en ayant soin de donner ce sujet à une partie qui a fait entendre la réponse dans l'exposition et la réponse à une partie qui a fait le sujet.

EXEMPLE (faisant suite à ce qui précède)

DEUXIÈME DIVERTISSEMENT

Ce deuxième divertissement, un peu plus important que le premier, doit amener la fugue dans le ton mineur relatif, si elle est majeure, et dans le ton majeur relatif si elle est mineure.

Dans l'exemple suivant, qui continue le divertissement précédent, le motif d'imitation est pris dans l'avant-dernière mesure du sujet:

FUGUE DANS LE TON MINEUR OU MAJEUR RELATIF

Si le sujet de la fugue est en majeur, comme dans l'exemple ci-dessus, il faut maintenant le faire entendre, avec sa réponse, dans le mode mineur relatif, et, si il est en mineur, il faut le faire entendre, également avec sa réponse, dans le mode majeur relatif. Le ou les contre-sujets suivent naturellement le sort du sujet et de la réponse.

EXEMPLE (faisant suite au divertissement précédent)

FUGUE dans le mode mineur relatif.

TROISIÈME DIVERTISSEMENT

Ce divertissement, plus important que le précédent, doit amener la fugue dans la tonalité du quatrième degré.

Celui qui suit est formé avec la plus grande partie du premier contre-sujet de la fugue que nous développons.

MODULATIONS DE LA FUGUE DANS LES TONS VOISINS

Nous avons vu jusqu'ici la fugue moduler dans le ton de la dominante (car la réponse n'est pas autre chose que le sujet dans le ton de cette dominante), dans le mode mineur relatif et dans le mode mineur relatif du ton de la dominante (do ♯ mineur pour le sujet que nous traitons.)

Il nous reste maintenant à la faire entendre dans la tonalité de la quarte et dans le relatif mineur de celle-ci pour avoir épuisé la série des modulations ayant quelque affinité avec le ton principal.

Ces modulations, que la tonalité du sujet soit majeure ou mineure, se limitent toujours aux deux tons majeurs ayant un tétracorde commun avec le ton principal et à leurs relatifs mineurs, ce qui porte à cinq le nombre total des tonalités employées dans toute la composition. Toute autre modulation doit être rejetée, car elle détruirait l'unité tonale relative, laquelle, avec l'unité relative mélodique et rythmique résultant de l'emploi exclusif des formes contenues dans le sujet et les contre-sujets, constitue l'unité générale de la fugue.

SUITE de la FUGUE PRÉCÉDENTE

QUATRIÈME DIVERTISSEMENT

Ce divertissement, le plus important de tous, doit ramener la fugue dans le ton principal. Il se termine souvent par un repos sur la dominante, quelquefois, comme dans l'exemple suivant, par un repos sur la tonique du mode mineur relatif, lorsque la fugue est en majeur.

STRETTO

Nous voici arrivés au point culminant du discours musical. Si l'exposition en est l'exorde, le *stretto* en est la péroraison. Le *stretto*, ou la *strette*, (*stretto*, en italien, veut dire *serré*) consiste en une série d'entrées du sujet et de la réponse, ou de la réponse et du sujet, chevauchant l'un sur l'autre, et, si leur nature s'y oppose, en une série d'imitations des contre-sujets, de plus en plus rapprochées, soit par mouvement direct, soit par mouvement contraire, soit en canon, soit par augmentation ou par diminution, auxquelles on adjoint généralement une pédale de tonique ou de dominante à une partie quelconque, mais le plus souvent à la basse, pédale sur laquelle de nouvelles imitations viennent se greffer et ajouter encore à l'intérêt général par des combinaisons non encore entendues. Cette pédale ne s'emploie que lorsque la fugue est écrite pour trois ou quatre voix. Dans une fugue à deux parties, elle serait sans intérêt.

La durée du stretto doit être proportionnée à celle des développements qui le précèdent et ne pas dépasser le quart ou le tiers au plus de la durée totale de la fugue.

DIVERTISSEMENT
b
b
b
Imitation
Imitation
b
SUJET par augmentation pendant un divertissement avec le 2e contre-sujet.
a
d
d par mouvement contraire.
RÉPONSE par augmentation.
b
Pédale de tonique.
d
d
d
d
Pédale de dominante.
CANON avec le sujet et conclusion.
Più lento.
Rall.

FUGUE TONALE

Nous n'avons jusqu'ici parlé que de la fugue *réelle*, c'est-à-dire de celle dont la réponse imite réellement le sujet, sans aucun changement. Cette fugue est la plus ancienne. Ses origines remontent plus haut que l'établissement de nos tonalités majeure et mineure, à cette époque de l'histoire musicale où la modulation, telle que nous la comprenons aujourd'hui, était inconnue. Mais depuis, cette modulation s'est introduite dans la fugue et a donné naissance à la *fugue tonale* ou *fugue du ton*.

Nous avons vu que la fugue ne pouvait s'écarter des tonalités voisines. Afin de maintenir cette règle, on a prescrit au sujet et à la réponse de ne pas s'écarter des tonalités fondamentales de la tonique et de la dominante. Conséquemment, si le sujet va de la tonique à la dominante, il est nécessaire que la réponse ramène la tonalité de la dominante à la tonique et *vice versa*.

EXEMPLES

En effet, si, dans le sujet suivant, la réponse imitait *réellement* le sujet, on voit que nous serions entraînés tout de suite dans le ton déjà lointain du second degré, mode majeur.

Il est donc de toute nécessité que nous fassions à ce sujet la réponse suivante :  qui ramène le ton primitif.

Le changement qui s'opère ainsi dans la réponse relativement au sujet (comme ci-dessus le changement du mouvement mélodique de quinte en mouvement de quarte) s'appelle *mutation*. Il peut y avoir plusieurs mutations dans la réponse.

EXEMPLE

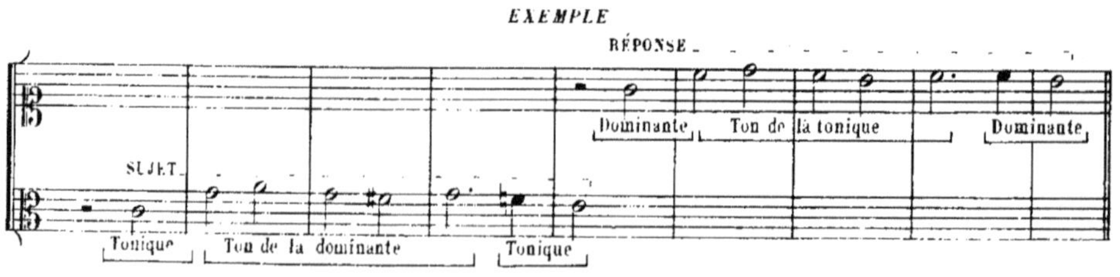

Comme on le voit, le sujet, après avoir fait entendre la tonique, se porte dans le ton de la dominante, pour revenir à la fin, au moyen du fa ♮, dans le ton de la tonique. La réponse ira donc de la dominante à la tonique pour revenir finalement dans le ton de cette dominante, et, de même que le sujet finit sur la tierce de la tonique, cette réponse finit sur la tierce de la dominante.

AUTRE EXEMPLE

Quelquefois ces mutations sont si nombreuses qu'elles déforment l'imitation du sujet, dans la réponse, au point de le rendre méconnaissable.

EXEMPLE

On se sent alors pris de scrupule et l'on se demande, si, au point de vue de la musicalité de la fugue, il ne vaudrait pas mieux faire la réponse réelle suivante.

Pour sortir de cette alternative, il faut rechercher laquelle de ces deux réponses donne le meilleur stretto. Comme, dans l'exemple précédent, le stretto ne peut être obtenu qu'avec la réponse tonale, c'est naturellement celle-ci qui doit être choisie.

Les mutations de la réponse se retrouvent à la même place dans le ou les contre-sujets de cette réponse.

EXEMPLES DE FUGUES TONALES

A DEUX VOIX

(*) On remarque ici une dissonance très facilement explicable, si l'on considère le fa ♮ de la basse comme une note de passage. On pourrait du reste modifier ce passage de deux manières:

1º En modifiant la fin du sujet.

CONTRE-SUJET — RÉPONSE — SUJET modifié — etc

2º En modifiant l'entrée de la réponse.

CONTRE-SUJET — RÉPONSE modifiée — SUJET — etc

Ces sortes de modifications du sujet et de la réponse sont parfaitement licites.

A TROIS VOIX

Offrant cette particularité de l'entrée d'un nouveau contre-sujet dans le courant de la fugue.

FUGUE dans le ton relatif majeur.
CONTRE-SUJET
SUJET
RÉPONSE
DIVERTISSEMENT
CONTRE-SUJET
c
c
c
FUGUE à la quarte, avec un nouveau contre-sujet
NOUVEAU CONTRE-SUJET
SUJET
1er CONTRE-SUJET
FUGUE à la sixte, avec les deux contre-sujets.
1er CONTRE-SUJET
2e CONTRE-SUJET
SUJET

DIVERTISSEMENT avec le nouveau contre-sujet.
d
d
d par mouvement contraire.
d
d
Autre fragment
d
d
d
Repos sur le ton relatif majeur.
d
d
d
d
d
STRETTO
SUJET
RÉPONSE
1er CONTRE-SUJET
DIVERTISSEMENT avec le
a
SUJET
a

1er CONTRE-SUJET a AUTRE STRETTO

a SUJET

a RÉPONSE

d d

d d

Pédale de dominante.

SUJET 1er CONTRE-SUJET modi-

RÉPONSE

-fié dans sa fin FRAGMENT DU SUJET RÉPONSE par augmentation.

Imitation Imitation

SUJET par augmentation.

Rall. Lento. SUJET

RÉPONSE

SUJET

A QUATRE VOIX

FUGUE A DEUX SUJETS

Le second de ces deux sujets, qui n'entre que dans le courant de la fugue, n'est en réalité, nous l'avons dit, qu'un second contre-sujet. Il sert à apporter de la variété dans la composition et, après son apparition, doit se combiner avec les thèmes déjà entendus dans la fugue. Quelquefois, il a un contre-sujet spécial qui devient ainsi troisième contre-sujet du sujet principal.

fragment d'une partie libre.
CONTRE-EXPOSITION
RÉPONSE
CONTRE-SUJET
CONTRE-SUJET
DIVERTISSEMENT avec la tête du
SUJET
contre-sujet.
FUGUE dans le mode mineur relatif.
SUJET
CONTRE-SUJET
CONTRE-SUJET
RÉPONSE

FUGUE incidente avec un nouveau sujet.

NOUVEAU SUJET

C.-SUJET

1er CONTRE-SUJET modifié

RÉPONSE.

SUJET.

CONTRE-SUJET.

DIVERTISSEMENT avec le nouveau sujet

RÉPONSE

CONTRE-SUJET.

Rentrée du sujet principal à la quarte puis

SUJET.

1er C.-SUJET

NOUVEAU SUJET

à la seconde, accompagné du nouveau sujet et du 1er contre-sujet.

Dim. e Rall.
Pédale de dominante.
STRETTO
SUJET
CONTRE-SUJET
RÉPONSE
CONTRE-SUJET
SUJET
RÉPONSE
DIVERTISSEMENT avec
le nouveau sujet, et nouveaux strettos de plus en plus rapprochés sur ce divertissement.
SUJET
RÉPONSE
SUJET

SUJET
SUJET
RÉPONSE
RÉPONSE
DIVERTISSEMENT tiré du contre-sujet sur la pédale de tonique.
SUJET par diminution.
RÉPONSE par diminution.
Allarg
Rall.
et
fine
SUJET

SUJETS DE FUGUES RÉELLES

On pourra s'exercer à traiter ces sujets à deux, trois et quatre voix, avec un, deux ou trois contre-sujets et dans les formes exposées précédemment.

Pour les exercices de contrepoint, tous les "Chants donnés" qui ont servi dans la 1re partie de cet ouvrage peuvent être employés indifféremment.

En ce qui concerne les imitations, il est préférable de trouver soi-même les antécédents et les mélodies canoniques.

APPENDICE

CONTREPOINT ET FUGUE LIBRES

STYLE INSTRUMENTAL

Les études de contrepoint et de fugue, telles que nous venons de les exposer, ne doivent être, nous le répétons, considérées que comme des exercices d'assouplissement. Les entraves dont on les entoure ne sauraient être conservées lorsqu'il s'agit de composition. On trouvera dans la lecture des œuvres des maîtres en la matière, et notamment dans celles de J. S. Bach, un affranchissement des règles quelquefois surprenant. Non seulement les dissonances y sont employées souvent sur les temps forts, comme appoggiatures, mais les notes de passage elles-mêmes y font, soit entre elles, soit avec les consonnances, des frottements qui, s'ils peuvent paraître durs, trouvent cependant leur excuse et même leur logique dans la marche mélodique voulue des parties.

BACH *Choral* N° 11

J. S. BACH *Messe en Si mineur* "Gratias agimus"

On peut voir dans les passages soulignés des exemples ci-dessus, l'emploi des libertés dont nous avons parlé. Il n'entre pas dans le cadre de cet ouvrage d'analyser le style libre qui, du reste, varie selon les auteurs et ne saurait pas plus se codifier que l'harmonie moderne, où la règle est à peine sensible et l'exception en permanence.

D'autre part, nous n'avons écrit que pour les voix qui, de leur côté, sont bornées quant à leur étendue et ne peuvent que difficilement franchir certains intervalles. La plupart des règles du contrepoint relatives à sa contexture mélodique n'ont pas d'autre raison que celle-ci, laquelle est toute physique et nullement esthétique. Il s'en suit que lorsqu'on écrit pour les instruments, ces règles spéciales n'ont plus de raison d'être. En effet, il n'y a pas plus de difficulté à franchir sur un violon, par exemple, une septième ou une dixième qu'une sixte ou une quarte, ni, sur le piano, à exécuter des intervalles augmentés ou diminués, que des intervalles à l'état naturel.

EXEMPLE

J. S. BACH. Fugue N° 10 du *Clavecin bien tempéré*.

Il est évident que cette fugue, d'une exécution relativement facile sur le piano, serait absolument impraticable pour les voix.

La rapidité des traits que l'on peut obtenir sur les instruments permet aussi de prendre certaines licences qui passent inaperçues et qui seraient mauvaises dans un mouvement lent, telles, par exemple, que le contre-sujet de la fugue ci-dessus, que nous avons souligné à dessein.

Mais lorsque le mouvement est lent, nous voyons le même maître rester dans les limites d'une harmonie absolument pure.

EXEMPLE

Le contrepoint, dans les auteurs modernes, présente des exemples nombreux d'une liberté presqu'absolue. L'andante de la deuxième sonate pour piano et violon, de **Schumann**, offre le suivant, curieux en ceci que la partie en contrepoint qui accompagne, au piano, le chant du violon, abandonne son rôle pour devenir une sorte de broderie ou de variation de ce chant.

Pour ce qui est de la fugue proprement dite, il s'en faut que le plan que nous avons indiqué ait été suivi toujours par les maîtres. On trouve chez eux et spécialement dans Bach, une foule d'exceptions à la forme conventionnelle qui nous a occupés. Tantôt il se sert de contre-sujets, tantôt il s'en passe; quelquefois le stretto est plus important, relativement, que le reste de la fugue; quelquefois ce stretto n'existe pas. Mais quelle que soit l'indépendance de l'écriture et de l'ordonnance de la composition chez ce maître et chez tous ceux qui ont illustré cette forme musicale, on retrouve toujours chez eux l'esprit d'ordre et d'économie qui en est le fond même. Tirer d'une idée principale et d'idées connexes tout ce qu'elles sont susceptibles de contenir, tant au point de vue rythmique qu'au point de vue mélodique et expressif; les combiner de façons diverses et de telle sorte que l'intérêt grandisse sans cesse du commencement à la fin de la composition, c'est là, nous le répétons, le principe de la fugue, principe qui doit se retrouver *dans n'importe quelle forme musicale*.

La fugue scolastique, à laquelle du reste nul n'est tenu de s'astreindre, présente pour l'étude cet avantage qu'elle en est pour ainsi dire une condensation qui en résume nettement les lignes essentielles.

Paris, Imp. A. Chaimbaud et Cie

CATALOGUE SPÉCIAL D'OUVRAGES

POUR

L'ENSEIGNEMENT MUSICAL

SOLFÈGES, EXERCICES, TRAITÉS, DICTIONNAIRE

MÉTHODES & ÉTUDES

Pour le PIANO, tous les INSTRUMENTS et pour le CHANT

PUBLIÉS PAR

Alphonse LEDUC, ✻, O. ✿, ✠, Éditeur, 3, rue de Grammont, Paris

Médaille d'Or à l'Exposition Universelle de Paris 1878, pour sa Bibliothèque **l'Enseignement Musical.**

SOLFÈGES

Prix nets

CHANAT frères. **Petit Solfège** ou Manuel musical des enfants, contenant 26 chants religieux et autres, à 1, 2 et 3 voix (f^t in-16), 3e éd. 1 50

LEDUC (Alph.). **Solfège progressif** (f^t in-8°), 2e éd. 1 25

MÜLLER (L.). **Solfège pratique et théorique** à l'usage des collèges, pensionnats, séminaires, etc., contenant 60 chants, à 1, 2 et 3 voix (f^t in-16), 10e édition *(cartonné)*. 1 25

— **Le même Solfège** avec Acc^t de Piano (f^t in-8°). 6 »

Le même, cartonné. . . . . 7 »

PITARCH (A.). **Petit Solfège des enfants** (f^t in-8°). 1 50

RODOLPHE. Solfège complet, nouvelle édition, dans laquelle les leçons trop hautes ont été baissées (f^t in-16). . . . . 2 »

— **Le même Solfège** complet, 1 vol. in-8°. . . . . 4 »

Le même, cartonné. . . . . 5 »

RODOLPHE. Solfège complet, à une voix. (Nouvelle édition revue par J. Arnoud) (f^t in-16). . 2 »

THÜRNER (A.). **Solfège** ou **Dictées des Rythmes** (f^t in-8°). 1 50

TROJELLI (A.). **Petit Solfège des écoles**, ouvrage approuvé par M. L. de Rillé (f^t in-16) . . . . . . » 50

VALENTI (A.). **Solfège** pour toutes les voix, dédié aux orphéons, écoles normales, lycées, collèges, etc. Dans ce solfège, la partie supérieure est écrite en clé de Sol, et la partie inférieure est en clé de Fa (f^t in-16).

Première partie 1 50

Deuxième partie 1 50

Les deux parties réunies 2 50

LEÇONS DE SOLFÈGE

Exercices, Dictées, etc.

ARNOUD (J.). **1.600 Exercices gradués de Lecture et de Dictées musicales.** *Intonation, Rythme, Tonalité*, en deux volumes (f^t in-16).

1re Partie, 1.000 Exercices. 1 50

2e Partie, 600 Exercices. 1 50

Les deux parties réunies. . . . . 3 »

— **50 Exercices d'ensemble** (f^t in-8°). 1 50

— **145 Leçons de Solfège** à 2 voix égales avec Accomp^t de Piano, 1 vol. in-8°. . . . . 7 »

— **Cent Leçons de Solfège,** à 2 voix égales, sans accompagnement (format in-16) 1 25

DUVERNOY (H.). **90 Leçons mélodiques de Solfège** sur toutes les clés et les mesures connues, avec Accompagnement de Piano. Ouvrage adopté au Conservatoire National.

1er Livre : 30 leçons clés de Sol, 2e et Fa, 4e lignes. 3 50

2e Livre : 40 leçons clés d'Ut, 1re, 2e, 3e et 4e, Fa 3e et Sol 1re lignes. 3 50

3e Livre : 20 leçons à changements de clés (Emploi des 8 clés) 3 50

Les mêmes, sans Accomp^t, réunis en 1 recueil (f^t in-16). 2 »

Chaque livre séparé. . . . . 1 »

— **Étude complète des intervalles,** *Mineurs, Majeurs et Justes*, avec Accompagnement de Piano, 1 vol. in-8°. 2 50

Prix nets

THÜRNER (A.). **Dictées musicales d'intonation** (f^t in-8°). 1 50

Dictées des Rythmes (f^t in-8°) 1 50

RILLÉ (L. de). **Exercices de Chant,** à quatre parties, pour les orphéons et les sociétés chorales (f^t in-8°) 1 50

Chaque partie . . . . » 50

PLAIN-CHANT

DUVOIS (Ch.). Méthode théorique et pratique de l'**Accompagnement du Plain-Chant,** la plus complète et la plus claire de celles qui ont été écrites jusqu'à ce jour. . . . . 15 »

La même. Méthode élémentaire (f^t in-8°). 1 25

TRAITÉS

ARNOUD (J.). **Petite théorie de la Musique,** avec questionnaire . . . . » 50

CATEL. Traité d'Harmonie. Nouvelle édition, très complète, et conforme à l'édition du Conservatoire (f^t in-16) . . . . 2 »

CLODOMIR (P.). **Manuel du Chef-Directeur** *et des Exécutants* ou **Traité théorique et pratique** à l'usage des Musiques de **Fanfare et d'Harmonie.** — Cet ouvrage indispensable traite de chaque instrument, de son étendue, de son emploi, ainsi que de l'*Organisation et de la conduite de toutes les Musiques*. Il contient la figure de tous les instruments employés dans les musiques. 1 vol. (f^t in-16). . . . . 4 »

DURAND (E.). **Traité complet d'Harmonie,** 1er volume (f^t in-8°). Cet ouvrage est le plus clair et le plus complet qui ait été écrit jusqu'à ce jour. Il est en usage au Conservatoire de Paris et dans ses succursales, ainsi qu'aux Conservatoires de Belgique, de Suisse, etc. . . . . 25 »

— **Réalisations des leçons d'Harmonie,** 2e vol. (f^t in-8°). . . . . 12 »

— **Traité d'accompagnement au Piano,** 3e vol. (f^t in-8°). . . . . 18 »

— **Traité de Composition musicale** (f^t in-8°). . 20 »

— **Abrégé du Cours d'Harmonie** (f^t in-8°). . . 10 »

— **Réalisations des Leçons de l'Abrégé** (f^t in-8°). 5 »

— **Théorie Musicale** (f^t in-8°) . . . . 7 »

RICHERT (F.). **Cours théorique et pratique de musique vocale** (4e édition), contenant un exposé analytique et raisonné des principes de l'art du Chant et un abrégé de la théorie du Plain-Chant. 5 »

— **Traité élémentaire du Plain-Chant** (f^t in-8°). 1 25

DICTIONNAIRE

SOULLIER. Dictionnaire complet de musique (f^t in-16). 2 50

Volumes cartonnés (f^t in-16), en plus, net. . . . . » 25

— (f^t in-8°), en plus, net. . . . . » 50

Pour recevoir franco, envoyer le prix indiqué.

*Vient de paraître la 37e édition (170.000 exemplaires vendus) de la Célèbre Méthode de Piano d'*Alphonse **LEDUC.**

IMPRIMERIE CHAIX, RUE BERGÈRE, 20 PARIS. — 5948-3-02. — (Encre Lorilleux).

www.ingramcontent.com/pod-product-compliance
Ingram Content Group UK Ltd.
Pitfield, Milton Keynes, MK11 3LW, UK
UKHW020331180726
13839UKWH00002B/660

9 782329 583860